La felicidad está en ti ¡Búscala!

Leticia Hernández

Copyright © 2023 Leticia Hernández

EDITORIAL AUTORES BRILLANTES LATINOAMERICANOS

Todos los derechos reservados.

DEDICATORIA

Para mis hijos y nietos...
Dedico este libro a cada uno de ellos
quienes son el latido de mi corazón,
la sangre de mis venas y la alegría de mi alma
no hay nada más grande que el amor que les tengo,
son la razón por la que sigo adelante incluso
cuando las cosas se ponen difíciles, me dan la fuerza.
¡Los amo!

CONTENIDO

Agradecimientos.................................. 09

Prólogo... 11

Primera parte: Memorias de mi niñez 13

Segunda parte: ¡Gracias mamá!................. 25

Tercera parte: La inocencia perdida por un

juego... 37

Cuarta parte: Abusos que borran la sonrisa..... 47

Quinta parte: Busca motivos para ser feliz..... 57

Sexta parte: Una luz en el camino.............. 69

Séptima parte: Nunca digas que no puedes... 88

Acerca de la autora............................... 109

AGRADECIMIENTOS

Doy gracias a Dios por cada lección que me da y que me permite seguir aprendiendo.

A mis hijos… Gracias por ser mi apoyo por siempre y estar a mi lado; por ser mis amigos, por darme su amor incondicional que siempre que me necesiten estaré ahí para ustedes ¡Los amo!

A mis padres agradezco su amor y su cariño por haberme dado un hogar donde crecer donde adquirí los valores que hoy definen mi vida.

A mis hermanos y hermanas por enseñarme que la vida es bella que vale la pena vivir y valorarse.

A Maribel Esparza Altamirano por haberme conectado con una gran persona, una gran mentora, mujer maravillosa que a través de su conocimiento y sabiduría nos transmite luz y amor; soy muy afortunada de tenerla como mentora, solidaria y cariñosa. Gracias por su apoyo. Gracias por compartir su luz al mundo su nombre es Evelyn Salazar, me siento orgullosa de pertenecer a su grupo de mujeres que brillan con luz propia. Gracias a todo su equipo por ayudarme a realizar mi sueño.

PRÓLOGO

¿Qué es la niñez? Para todos sería un mundo de juegos y aventura, un mundo de arcoíris donde los colores toman un papel importante en el desarrollo de la personalidad de cada niño pero, definitivamente, no es así como nos lo cuenta nuestra amiga Leticia Hernández en su historia.

En su libro "La felicidad está dentro de ti ¡Búscala!", podemos percibir que los colores de su niñez se fueron degradando hasta volverse totalmente grises, no obstante, aun cuando su sonrisa desapareció en manos de quien menos lo esperaba, con el tiempo logró recuperarla, renovando los confines de su propio arcoíris colorido y encontrando la felicidad en su interior. Por eso, a través de este libro, te invito a pensar y a reflexionar sobre las experiencias de vida que ella ha experimentado, siempre pensando en que no debemos dejar que nadie apague nuestra luz, y tomando como impulso lo que aquí leemos para seguir aprendiendo a sanar heridas, tal como ella lo hizo, para recuperar la sonrisa que en el algunos momentos perdió.

Leticia lucha continuamente por ser mejor cada día, es una mujer guerrera que sabe lo que quiere y en el transcurso de nuestra amistad, que ha durado más de 16 años, siempre la he visto con la motivación y el afán de ayudar a otras personas.

Te invito querido lector a recorrer juntos estas páginas que nos ayudarán a visualizar a profundidad lo que está ocurriendo en nuestra vida.

Primera parte

MEMORIAS DE MI NIÑEZ

Muchos se preguntarán: ¿cuál es la razón de escribir este libro?, ¿por qué lo he titulado "La felicidad está en ti ¡Búscala!", ¿cómo elegí ese nombre para este escrito? Para contestar todas esas interrogantes empezaré por contar que las personas especiales que me han acompañado a lo largo de mi vida han sido testigos que, en algunas ocasiones, perdí mi alegría, mi felicidad, sin embargo, también han podido ver que nunca he dejado de buscarla.

Este libro surgió de una de esas veces en las que me encontraba muy triste y por más que quería sonreír no podía esbozar ese gesto de alegría, así que una amiga me dijo: *"Lety, ¿dónde quedó tu sonrisa? no dejes que nada ni nadie borre tu sonrisa"*, esa lección me sirvió para cuestionarme e iniciar mi camino en su búsqueda. Así fue como, por medio de las redes sociales, me encontré con el doctor César Lozano, con quien comencé a tomar talleres, obteniendo mi certificación en varios de ellos.

El primero que tomé fue *El arte de hablar en público*, con el cual logré comunicarme asertivamente, pues gracias a los consejos y claves del mejor conferencista de habla hispana, me di cuenta que más allá de ser una habilidad innata, es algo que se va adquiriendo al perder el miedo y apropiarse del poder de cautivar a una audiencia.

Después seguí con *"Aprende a sobrellevar los duelos y las pérdidas"*, con el que pude analizar lo que conlleva el experimentar las distintas etapas de ese proceso tan desafiante, pues la muerte es parte de nuestra cotidianidad, por lo que es importante recobrar nuestra autoestima y alcanzar la reconciliación mediante la superación de ese tabú.

Por último, cursé el seminario *"Escribe tu libro"*, el cual me inspiró a contar mi historia, pues me sirvió para darme cuenta de que todos tenemos algo que escribir, así como que la escritura ayuda a sanar debido a que la acción de estampar las heridas vividas en un papel puede hacer que recobremos la salud más rápido y que, además, podamos inspirar a otros a hacerlo del mismo modo.

De esa manera fue cómo me motivé para escribir este libro en el cual plasmo partes importantes de mi vida, tales como los puntos álgidos que configurarían mi niñez y adolescencia, el matrimonio que mantuve durante varios años y su inevitable final, al igual que los lugares que he habitado después de mi separación hace 18 años, convirtiéndome en una mujer independiente que lucha por lo que quiere.

Sé que no ha sido fácil, pero tampoco imposible, he aprendido que los retos son parte de nuestra vida y la razón por la que, si queremos algo, debemos estar dispuestos a pagar el precio y no rendirnos hasta alcanzar nuestras metas.

Por ello, iniciaré este anecdotario con las memorias de mi puericia, aquella época en la que los descubrimientos eran el pan de cada día y que recuerdo con un dejo de añoranza y muchas nostalgias, pues ahí comenzaría a experimentar sentimientos y traumas que, si bien he logrado contener, aún me sacan lágrimas de vez en vez.

Pasé mi niñez en un rancho muy hermoso cuya única huella de civilización era una casa vecina que estaba cerca, la cual era fácilmente olvidable gracias a las montañas y arroyos que lo rodeaban. Ahí todo era un paraíso y yo tenía la edad de 4 o 5 años, recuerdo que vivía muy feliz porque me encantaba andar en el campo.

Si digo que era un paraíso es porque me encontraba rodeada de agua, de tierra y del canto de muchos pájaros de colores maravillosos; era muy divertido correr tras ellos para atraparlos, aunque muchas veces no pudiéramos agarrarlos.

Y es que yo no estaba sola, en mi infancia destacaba la presencia de mis tres hermanos mayores, quienes me impulsaban a andar tras las calandrias, aves hermosas cuyo pecho amarillo resaltaba del brillante negro del resto de su cuerpo. En ese entonces yo lo veía como un juego, pero ahora entiendo que las cazábamos con el fin de que mi mamá las llevara al pueblo cercano y pudiera venderlas y así tener algo de dinero para comer. Eso es algo que perdura en mi memoria que, pese a nuestra pobreza, mamá siempre fue una persona muy luchadora.

También recuerdo que detrás de nuestra casa había unos árboles muy grandes cuyas ramas se enredaron durante su crecimiento formando una especie de túnel y al lado de ellos, como espejo reflectante, se hallaba un laguito donde se juntaban muchas mariposas de color amarillo con las que me encantaba jugar. A esa edad yo todavía lactaba de mi mamá y creo que ahí, entre colores ambarinos, experimentaría la pérdida de mi sonrisa, pues un día, de buenas a primeras, ya no me quiso dar pecho, por lo que yo lloraba mucho.

Ella me contaba que no la dejaba dormir debido a mis rabietas, pero es que yo no sabía que mi hermanita ya estaba en camino, así es, mamá se había embarazado de nueva cuenta y era el motivo por el que ya no podía darme pecho, no obstante, yo no paraba de llorar, hasta que una noche, ya cansada de mis aguaceros nocturnos, decidió sacarme del cuarto y dejarme en el patio a medianoche: *"si no te callas, no te voy a meter al cuarto"*.

Para mí fue una experiencia muy terrorífica y desde ese entonces le tengo miedo a la oscuridad. Claro que, en perspectiva, apenas pasaron unos segundos, pero a mí se me figuró como toda una eternidad porque yo volteaba y todo estaba tan oscuro que sólo veía brillar, en la lejanía, los ojos de los coyotes y otros animales del campo, provocándome un pánico severamente profundo. Cuando mamá me metió, dejé de llorar, pero mi corazón se sentía como una bomba a punto de explotar porque estaba aguantando todas esas malas emociones con tal de ya no estar afuera, de evitar el miedo, así que, sin saberlo, al día siguiente mi sonrisa desapareció.

No quería comer lo que me daban y me sentaba impaciente a un lado de mi madre esperando a que quisiera convidarme un poco de leche. Sin embargo, ese momento nunca llegó.

Ahora que lo pienso, creo que ella no tuvo otra opción que no fuera ese inocente castigo, pues, aunque realmente me adoraba, la había dejado sin opciones con aquellas lluvias torrenciales que acaecían de mis ojos. Ése fue mi primer encuentro con la tristeza.

Poco después conocería la violencia, no directamente en mí, sino que mi padre era una persona alcohólica y muy machista, por lo que me tocó ver cómo la aplicaba en mi mamá. Le pegaba por todo, hasta que un día la protegimos escondiéndola entre nuestros brazos para que no la golpeara más. Hoy, recordando mi niñez, al escribir estas cosas siento mucha impotencia. Es inevitable que las lágrimas vuelvan a inundar mis ojos porque recuerdo muy bien que un día mi papá nos encerró en un cuarto y se fue, gracias a Dios esa habitación tenía una pequeña ventana muy alta por donde mi mamá nos pudo sacar.

No obstante, a la semana mi padre regresó borracho y dijo una oración qué no ha dejado de sonar como un eco en mi cabeza durante estos 54 años de existencia: *"Todavía están vivos"*. Yo era la más pequeña y realmente no tenía consciencia de esas palabras tan atroces, así que corrí a abrazarlo con una gran sonrisa, pero aquella sentencia se habría quedado clavada en mi mente. Hoy día me pregunto si como adultos nos damos cuenta del terrible daño que a veces les hacemos a nuestros hijos con ese tipo de manifestaciones.

Ha pasado el tiempo y juro que no le guardo rencor a mi padre, pues no sé si fue su ignorancia, o su alcoholismo, la causa de tantos males que nos ocasionó, pero definitivamente no le guardo rencor, he encontrado el valor suficiente para perdonarlo y quererlo mucho, pues sus errores morirán con él, pero no vivirán en mí.

Segunda parte

¡GRACIAS, MAMÁ!

Pasó el tiempo y mis padres decidieron que nos mudaríamos del rancho para tener una mejor vida, así mis hermanos tendrían la posibilidad de ir a la escuela.

Todos estábamos felices, extasiados por la idea de conocer el pueblo al que llegaríamos, ya que ahí vivían los hermanos de mi mamá y unos primos de mi papá. Sin embargo, esos supuestos familiares eran muy especiales, por no decir descorteses, pues había veces en la que nos hablaban muy bien y días en los que ni nos saludaban.

Así empezamos a conocer la vida desde otra perspectiva, o más bien, tal como es, comenzaba a parecerme muy distinta a la que teníamos en el rancho, ahí estábamos solos, podíamos expresar cualquier cosa, correr por todos lados, ensuciar nuestra ropa y comer lo que fuera sin que nadie nos criticase.

De repente, ser pobres era algo realmente importante, yo jamás lo había percibido así, pero cuando llegamos al pueblo nuestra propia familia nos menospreciaba por no tener las mismas cosas que ellos, nos humillaban y se burlaban, tanto de nuestra condición humilde como por el alcoholismo de mi padre. Incluso, aquel pueblo que era muy bonito también me parecía un mundo totalmente diferente, en la plaza principal había un jardín con árboles frondosos y farolas que iluminaban unas pequeñas mesas en las que muchos se sentaban a jugar, era el lugar más verde entre el concreto y las casas de ese lugar.

Así que me sentía como un pez fuera del agua, alejada del rancho, del lago y los pajaritos amarillos que tanto nos gustaban. Aunque no todo era tan malo, aquí me sentía un poco más segura, papá ya no podía dejarnos encerrados porque todos podían darse cuenta.

En ocasiones, mamá le pedía ayuda a uno de mis tíos porque no tenía para darnos de comer, esa enfermedad que papá padecía no sólo representaba el abuso de una sustancia líquida, en apariencia insignificante, sino que también implicaba el abuso hacia su familia entera, casi siempre prefería gastar el poco dinero que ganaba en cerveza y otras mujeres en lugar de darnos de comer o procurar nuestra salud, así que crecimos avergonzados, rodeados de mofas, insultos y apodos que, en ocasiones, nos quitaban nuestra alegría y sonrisa.

Y eso no era lo único, además, los primos mayores instaban a mis hermanos a hacer cosas incorrectas, por ejemplo, una vez planearon todo para convencer a mi hermano de agarrar cosas ajenas y, vaya que lo lograron, pues después de que ellos mismos fueron a acusarlo, mi mamá le dio una regañada ejemplar.

Pobre de mi hermano, estuvo deprimido bastante tiempo por esa situación, pero ahora que lo veo desde otra perspectiva, creo que esos comportamientos estaban justificados, pues lo único que queríamos era ser aceptados. Así fue nuestra cotidianidad en el pueblo;

una inconstancia entre afectos y actitudes que pronto llegaban al rechazo de nuestra familia por el solo hecho de ser pobres y tener un padre alcohólico.

Hoy día, doy gracias a Dios por lo que vivimos, porque puedo apreciar con mayor claridad la fortaleza de mamá, ella era un muro impenetrable, una guerrera que no se doblaba ante nada, una mujer que defendía a sus hijos por sobre todas las cosas, no importando si la golpeaban o la insultaban, ella permanecía firme.

Suelo comparar su espíritu con el de un viejo roble que ha pasado por muchas tormentas, aguantando la caída constante de sus hojas, los múltiples rasguños en su corteza y la ruptura aleatoria de sus ramas, vetas y huellas inherentes al paso del tiempo, mismas que daban cuenta de la fortaleza de sus raíces, de la firmeza de su madera. Así era mamá, de a ratos podía estar mutilada por los golpes y el maltrato de mi padre, pero no recuerdo un solo día, un mínimo momento, en que yo la viese caída o derrotada.

Lo cierto es que ella sabía esconder muy bien su dolor. Pese a que sólo la veía sonreír de vez en cuando, nunca me pasó por la cabeza siquiera pensar que mamá fuera infeliz, supongo que era tanta la dedicación que tenía por nosotros que se le olvidaba sonreír.

Por ello, en el presente, con lágrimas en mis ojos, aprovecho para agradecerle esos sacrificios y, sobre todo, haber mantenido la entereza para ayudarme a crecer, por estar ahí cuando la necesité, por curar las heridas de mis travesuras, por velar mis sueños cuando estaba enferma y hasta por preocuparse cuando salía con mis amigas y llegaba tarde.

¡Gracias mamá!, de ti aprendí a ser fuerte sin importar las circunstancias o lo mutilada que pueda sentirme, pues también me enseñaste a tener fe en Dios, quien me da la fuerza para levantarme de cualquier situación adversa en este camino de la vida porque con él todo es posible. ¡Gracias mamá! por el amor infinito que me diste y por tus conocimientos, ya que siempre siento tu presencia cerca de mí, aunque estemos lejos. ¡Gracias por tus besos y tus muestras de amor!, las cuales controlaban y curaban cualquier dolor. ¡Gracias por los regaños que me diste madre!, pese a que no me gustaban, me ayudaron a ser la mujer que soy ahora.

Mamá, te quiero agradecer todo el amor, porque si bien hubo veces en las que faltaron algunas cosas en nuestra casa, ese sentimiento hacia mí y a mis hermanos siempre estuvo presente, podíamos sentir su autenticidad. Quizás no he sido la mejor de tus hijas, pero intento serlo con mucho amor, dedicación y respeto, pues sé que tengo a la mejor mamá del mundo. ¡Te amo mamá!

No obstante, hoy día me he dado cuenta que el valor que le das a tu madre es el que te hace fuerte y, muchas veces, define el valor que una misma espera recibir, pero eso no lo sabía, así que continuamente me encontraba preguntándome por qué no me consideraba tan fuerte, de dónde venían mis inseguridades, cuáles eran las razones por las que no me valoraba como mujer, como hija y como madre. Ahora que tengo más conocimiento, he aprendido que para ser fuertes necesitamos raíces robustas, yo no lo comprendía porque para mi padre la mujer no tenía valor, de alguna forma, dada la educación machista que recibió, siempre menospreció y usó a las mujeres de su vida.

Recuerdo que cuando llegamos al pueblo mis hermanos varones sí podían ir a la escuela, pero mi hermana mayor no, simplemente porque era mujer y en palabras de mi papá "no necesitaba escuela para lo que iba a ser cuando fuera grande", o sea, dedicarse al esposo y a los hijos, así que mi hermana y yo no teníamos derecho de ir a la escuela.

Por ello, es que admiro muchísimo a mi mamá, ella ha sabido nutrir sus raíces y no sólo eso, además, ha podido fortalecernos, convirtiéndonos en frutos de su amor, sin importarle las malas situaciones que pasó. Es la misma razón por la que, en mi presente, he sido capaz de trabajar en mi autoestima, sanando mis heridas con la sabia de ese árbol lleno de vida que es mi madre, he seguido su ejemplo para ser una mujer completa que pueda darle a sus hijos los mismos goces y alegrías que ella nos dio.

He podido perdonar los maltratos de mi padre, me di cuenta de que mamá lo había hecho tiempo antes porque el motivo de sus alegrías, el orgullo de su vida, somos nosotros, así que no le costó encontrar el valor de disculparlo y yo debo reconocer esa valentía, empoderándome todos los días con esa capacidad de ver lo bueno, tal como ella lo hace.

Gracias a mi mamá, hoy puedo brindar el siguiente consejo: No permitas que tus hijos pierdan la sonrisa, dale la confianza para que, en todo lo que hagan y les toque vivir, puedan verse victoriosos, libres de miedo. Por ello, lo más importante es que procures enseñarles la existencia de Dios, motívalos a tener la seguridad de que con él todo es posible, hazles saber que, si bien en la vida hay tormentas muy fuertes por las que debemos pasar, las cuales pueden quitarnos la sonrisa, llenándonos de dolor y tristeza, cuando regresa la calma, somos más fuertes.

Tercera parte

LA INOCENCIA PERDIDA POR UN JUEGO

Debemos recordar las palabras de Dios en Josué 1:9 "Sé valiente y ten ánimo; no tiembles; no tengas miedo; Yavé tu Dios está contigo a donde quiera que tú vayas".

A fin de ejemplificar esas palabras, que son una clara promesa de la eterna compañía de Dios, quisiera contar la historia de Juanita, una persona muy especial que pasó por muchas adversidades, he cambiado su nombre por respeto hacia ella y a su familia, ya que ellos no tienen idea de lo que pasó en su niñez, sin embargo, considero que su vivencia puede ayudar a otras personas que se identifiquen con ella a ver cómo su fe la ayudó a crecer y ser una mejor persona.

Pues bien, desde muy pequeña Juanita, pese a que no tenía la edad suficiente para saber lo que realmente significaba, miraba cómo los niños con los que convivía y que eran un poco más grandes de edad, tenían sexo; parecía que lo hacían "jugando" porque las otras niñas se reían y se divertían cuando el esperma salía de sus miembros. Pero para ella no era divertido, procuraba esconderse rápidamente porque siempre buscaban hacerle lo mismo y el miedo que le daba eso que consideraba como algo muy extraño, realmente la paralizaba.

Un día, dos muchachos y otras dos chicas llegaron a visitar al hermano mayor de Juanita, ella recuerda que los cinco se metieron a un cuarto, al rato comenzaron a reír y a gritar, como si estuvieran divirtiéndose mucho.

La pequeña niña se asomó por la puerta que había quedado entre abierta y pudo observar cómo tenían relaciones sexuales con una de las jovencitas, primero lo hacía uno, luego el otro; luego su hermano, turnándose, e igual pasó cuando le tocó a la otra chica.

Juanita no terminaba de entender cómo el sexo parecía divertirles tanto, por qué todos se reían y ninguna de las chicas se resistía, más bien lo disfrutaban y sentían placer.

Sin embargo, para la adorable chicuela seguía siendo raro cómo funcionaba y, sobre todo, cómo había descubierto ese "juego" que los chicos tenían con aquellas chicas, es decir, ellos parecían disfrutarlo más, pero ninguna de ellas se resistía. Para todos era pura diversión, no así para Juanita porque, con justa razón, le daba miedo. Ese día, después de ver lo que pasaba en la habitación de su hermano, corrió y se metió en el clóset de otro cuarto, esperando que no la encontraran.

Mientras se ocultaba, mil pensamientos la agobiaban, pues no sabía si decirle a su mamá todo lo que había visto, así que mejor se calló ese secreto.

Entonces sucedió lo peor, pues una noche, cuando Juanita dormía, su hermano entró en la habitación y empezó a tocarla, la vulnerable niña se resistió hasta donde pudo, pero definitivamente él era más fuerte y la amenazó diciéndole que si gritaba le pegaría hasta dejarla inconsciente, por lo que no tuvo otra opción más que dejar de llorar, conteniendo sus ganas de morir debido a que estaba pasando por esa horrible situación que la superaba, ya que no podía entender cómo es que su propia sangre, el hermano que se suponía debía cuidarla, la lastimaba de esa manera.

A la mañana siguiente, Juanita ya no era la misma, su sonrisa había desaparecido, se encontraba triste, sin ganas de comer, jugar, reír, todo le asustaba, incluso, comenzó a evitar quedarse dormida por las noches porque no quería que su hermano la viera indefensa y volviera a abusar de ella.

De ese modo, Juanita conoció emociones y sentimientos que no le correspondían a una niña de su edad, le habían quitado la inocencia por un "juego" en el que nunca aceptó participar y todo por culpa de su hermano, ¿acaso no le bastaba "jugar" con los otros chicos que sí parecían disfrutarlo?

Su mamá era una señora de carácter fuerte que, como otras mujeres que crecieron en los setenta, bajo los brazos del machismo y la pobreza, no tuvo otro remedio más que el de salirse de su casa y casarse con el primer hombre que le brindara un poco de atención, así que desde muy adolescente comenzó a tener hijos. No obstante, su vida no mejoró mucho después de ello, razón por la que tuvo que trabajar y dejarlos solos, confiando en que estarían bien durante sus ausencias.

Después de unos años, el papá de Juanita decidió que "lo mejor" para él y su familia sería migrar a Estados Unidos, entonces sin más se fue, dejándolos a su suerte, pues volvería en contadas ocasiones. De esa manera, la madre de la pequeña guerrera de esta historia se quedó verdaderamente sola con la responsabilidad de sacar adelante a todos sus hijos. Ése fue el motivo por el que no tenía tiempo para mirar, observar o si quiera intuir, cómo Juanita había perdido su sonrisa.

Cuántos padres y madres hemos estado en las mismas circunstancias que la mamá de Juanita, con un trabajo que nos consume día a día, sin el tiempo necesario para percatarnos de esos cambios visibles e importantes pero que no sabemos observar, imposibilitados para salir de nuestro propio cansancio y ver cómo las sonrisas de nuestros niños van desapareciendo en manos de quienes menos lo esperamos.

Claro que para esos años es comprensible la poca claridad en la visión de la madre y es algo que también Juanita sabe, pues decidió no contarle nunca lo ocurrido para no lastimarla, ya que comprende todos los sacrificios que tuvo que hacer y no la culpa por las acciones de su hermano. Ahora ella es una mujer que ha evolucionado gracias al trabajo constante y el amor de Dios que la acompaña en su camino.

Yo misma he sido testigo de su arduo andar, admirando cada paso que da porque la he visto recoger sus pedazos para armarse de nuevo. Sin embargo, todavía se le hace muy difícil superar aquel triste e injusto pasado, por lo que va a terapias que le ayudan a ver las cosas buenas que ahora tiene y, de igual manera, se acerca y le pide a Dios que le dé la fortaleza para superar todo el miedo que tuvo que soportar, mismo que a veces vuelve por las noches.

Pero ese miedo ya no la paraliza como cuando era pequeña y no tenía idea de cómo lidiar con él, ahora habla con Dios a través de sus oraciones, me ha contado que siente un calor en el corazón cuando piensa en la conmiseración que Dios le demostrado cada que ese mal la aqueja, ya que le brinda condolencias y ánimos para seguir adelante.

Ella sabe que cada una de sus decisiones, aún sin tener la madurez que implicó tomarlas en su momento, han sido las correctas, de esa forma ha cuidado a su mamá de un error que podría costarle mucho perdonar, lo cual resulta demasiado loable y es el motivo principal por el que decidí compartir su experiencia.

Como Juanita hay muchas, por favor, no ignores el comportamiento de tus niñas. Siempre que veas cambios en tu hija, no importa lo nimios que parezcan, detente a preguntarle, desde el amor que le tienes, qué le está pasando. Dale la confianza, la certeza y, sobre todo, el conocimiento sobre la sexualidad y las cosas que no debe permitir en su cuerpo, hazle saber que cuenta contigo para cuidarla, protegiéndola de todo y de todos, recuérdale que siempre la escucharás con comprensión y dile que siempre le creerás. No ignores su silencio ni lo confundidas con un berrinche, al contrario, sé paciente y valiente por ella.

Cuarta parte

ABUSOS QUE BORRAN LA SONRISA

La historia de Juanita sin duda es difícil de leer, pasó por muchas situaciones que la hicieron perder su sonrisa por momentos, no obstante, nunca perdió su fe, al contrario, aprendió a perdonar, encontrando consuelo y esperanza en la oración a Dios, pues al hacerlo pudo discernir que podía depositar todo ese dolor, tristeza y coraje en las manos de su amoroso creador, alivianando su pena.

Poco a poco, nuevas oportunidades de vida le empezaron a llegar y, hoy en día, Juanita es una de las personas más fuertes y más felices que he tenido la fortuna de conocer, vive conforme a ese mantra que ha fijado en su mente y espíritu: ¡Yo quiero y yo puedo! Ahora es momento de contar por qué me siento identificada con su historia, pues también fui abusada sexualmente por alguien muy cercano a la familia y, tristemente, mi mamá –que era la única que podía protegerme-nunca se dio cuenta.

Fui abusada por esa persona varias veces, pero cuando eres víctima de estupro todo te da miedo, te quitan de golpe tu seguridad y tu voz, no podía decírselo a mamá porque ese individuo siempre amenazaba con hacerme daño, así que el terror me invadía y me paralizaba.

De ese modo, pasé mi niñez entre lágrimas, soportando los desprecios inseparables a la pobreza, a sus muchas carencias y a la discriminación. Además, mamá tuvo que luchar con el concepto que mi papá tenía sobre las mujeres y sobre mí, pues llegó el día en que tuve la edad para ir a la escuela y ella sorteó su machismo para convencerlo de dejarme estudiar.

Yo estaba muy emocionada porque iba a ir a la escuela, recuerdo que mamá nos inscribió a mi hermano y a mí, pero cuando entramos a clases, otra vez, empezamos a sentir el desprecio de los otros niños porque éramos humildes y vestíamos con ropa muy diferente. Por ejemplo, yo no usaba zapatos sino unos huaraches de plástico de los más baratos porque era lo que mi mamá podía comprar, sin embargo, yo me sentía feliz de estar en la escuela, pero mi hermano se molestaba y se peleaba cuando algún niño se burlaba de él o de mí, por lo que a los pocos días ya no quería asistir.

Tengo muy presente un día que mi hermano mayor lo llevó a la fuerza casi a rastras y él no paraba de llorar porque estaba muy enojado. Pese a todo, logramos pasar el primer grado de primaria, obtuve un promedio general de MB, que es una muy buena calificación. Pero cuando entramos al segundo grado cambiaron las reglas de la escuela y nos pidieron llevar uniforme. Eso fue muy estresante para mi mamá porque no podía comprarlos y yo me sentí muy triste porque de no tener un uniforme no podía seguir asistiendo a clases, gracias a Dios y a los maestros que teníamos, al final nos permitieron seguir estudiando, no obstante, en mi inocencia infantil yo seguía anhelando tener zapatos y medias blancas como las otras niñas, aunque jamás se lo dije a mi mamá.

Asistíamos pocas veces cuando eran los desfiles y festividades escolares porque si no teníamos uniforme, menos podíamos aspirar a los trajes y disfraces, así que hubo veces que ya ni queríamos aparecernos por ahí y como a mi hermano no le gustaba la escuela me convencía de irnos de pinta. Entonces nos íbamos a ver a un tío que vivía por la escuela y que tenía una huerta de alfalfa.

Nos quedábamos con él todo el día y él nos preguntaba si no íbamos a ir a la escuela a lo que le respondíamos que no teníamos clase, hasta que pasó una semana y a mi tío se le empezó a hacer raro que no tuviéramos clases cuando él veía que todos los niños iban a la escuela, entonces fue con mi mamá y le dijo que ya teníamos una semana sin ir a la escuela, que si era verdad que no teníamos clases. Recuerdo que mi mamá se molestó mucho con nosotros y nos regañó.

Una vez que nos cacharon en la mentira, mamá nos amenazó para que fuéramos a la escuela, pero mi hermano seguía sin querer ir y como mi tío ya nos había acusado, mejor nos quedábamos en el río jugando a los carritos, así pasamos varios días hasta que la directora le mandó una nota a mi mamá y le preguntó por qué no asistíamos a clases.

Como era de esperarse, mamá nos llamó la atención de nueva cuenta, sólo que esa vez nos regañó muy feo, por lo que no nos quedó más que regresar a la escuela, a mí me dio mucho gusto, pues realmente me divertía mucho jugando con mis compañeros cuando salíamos al recreo. Recuerdo que nos íbamos a un campo que estaba cerca de la escuela y comprábamos chucherías entre varios compañeros y nos íbamos a comer, pero siempre llegábamos tarde a clase y nuestro maestro ya no sabía cómo lidiar con nosotros.

Las primeras veces no nos dijo nada, pero llegó el momento en que se cansó y un día al regresar de nuestro convivio, se paró en la puerta del salón y nos pegó con un cable a todos, advirtiéndonos que nunca más iba a permitir las llegadas tarde, hoy le doy gracias a Dios por ese maestro, por su paciencia y su buena enseñanza.

Lamentablemente, no pude terminar el segundo grado, pero sí me acuerdo que me encantaba la clase de ciencias sociales, ya que disfrutaba mucho leer, es algo que todavía me gusta mucho. En fin, tuvimos que dejar la escuela para ponernos a trabajar, nuestra condición de pobreza era insostenible, el dinero no alcanzaba y mi hermano y yo empezamos a trabajar. Nuestro primer trabajo consistió en desgranar ajo para un señor que sembraba en unos terrenos muy grandes.

La verdad es que nos pareció bien, no teníamos un trabajo pesado y lo podíamos hacer sin mayores complicaciones. Aunque extrañaba la escuela sabía que de esa forma podía ayudar a mi mamá y me compraría las cosas que tanto quería, así que dejé atrás mis sueños de estudiar. En ese momento volví a perder mi sonrisa y era presa de una tristeza que surgía cada vez que veía los desfiles y festivales escolares. Hoy me doy cuenta que lloraba por dentro porque miraba a mis amigas en el desfile con sus uniformes y esas medias blancas que tanto me llamaban la atención.

Es posible extraviar la sonrisa cuando pasamos situaciones extremas a largo de nuestra vida, pero lo importante es que no dejemos de buscarla nunca, hay que encontrar motivos para sonreír y ser felices.

Yo tuve que crecer con celeridad, trabajando desde pequeña porque era la manera de sobrevivir y de tener mejores condiciones, pero cuando Dios me dio la oportunidad de comprarme mis primeros zapatos y mis medias blancas sentí una alegría tan inmensa que aún puedo experimentar mientras escribo todo esto.

Me da mucha emoción recordar ese logro porque fue la motivación que necesitaba para seguir trabajando con tal de ayudar a mi mamá. Con los años me he dado cuenta de que estamos acostumbrados a asociar la sonrisa con la felicidad, sin embargo, muchas veces, ocultamos otros sentimientos, tendemos a esconder las emociones que vienen del dolor, de la tristeza y del coraje, actuando en automático como si fuéramos robots diseñados para sonreír sin tregua.

Por ejemplo, cuando perdemos a un ser querido y nuestra sonrisa se borra porque no estamos preparados para dejar ir a alguien amado, es muy difícil mostrar nuestra vulnerabilidad, como si no tuviéramos derecho de compadecernos, de transitar los terrenos áridos de la infelicidad. Perder a alguien es demasiado agotador porque nuestro entendimiento sobre la muerte se basa en el temor a sentir.

Nuestras sonrisas pueden borrarse con el maltrato verbal, emocional o sexual, y entonces, cuando caminamos los desiertos de la melancolía, nos esforzamos para fingir una sonrisa, ocultando nuestro dolor de los demás, aparentando tanto que ese sentimiento comienza a esconderse en lo más profundo de nuestro ser y sacarlo.

Quinta parte

BUSCA MOTIVOS PARA SER FELIZ

Si bien mi niñez no fue nada fácil, tampoco fue del todo mala, tuve momentos muy felices y, día con día, he aprendido a valorar todo lo que me ha hecho la persona que soy en el presente.

Ya he conseguido lo que siempre quise: Apropiarme de esa sonrisa que perdí a través de tantas situaciones desagradables que pasé en la vida. Pues, como ya lo mencioné, lo importante es no dejar de buscar nuestra sonrisa, encontrando motivos para ser felices y agradeciendo lo que tenemos, sea mucho o sea poco. Pero no siempre es sencillo darle valor a las cosas que nos rodean cuando se va creciendo y se tiene que trabajar para sobrevivir y mejorar un poco tus condiciones de vida.

Cuando Dios me dio la oportunidad de comprar mis primeros zapatos y esas medias blancas que tanto deseaba, no podría describir la alegría tan inmensa que sentí, la emoción de ver realizada esa ilusión que tenía siendo sólo una niña.

Aquella fue la primera vez que mi trabajo me brindó una recompensa feliz, logré tener lo que quería y continúe trabajando para experimentar esa alegría. Por ello, mi deseo es que este libro, lleno de mis letras más sinceras, pueda darles ese mensaje a las personas que están tristes o deprimidas para que no dejen de buscar su sonrisa, para que sean agradecidos, para que al despertar celebren con Dios un nuevo amanecer.

Estoy consciente que así como yo perdí mi sonrisa, hay muchos que han pasado por circunstancias de las que no son culpables, pero que tenían que experimentar para ser su mejor versión. Por ejemplo, una mujer que ha estado esperando que su matrimonio al que le ha dedicado años sea mejor, pero que al final de cuentas no resultó como esperaba, puede creer que fracasó, llegando a una experimentar una terrible depresión porque se siente insuficiente.

A veces pasamos por situaciones que nos obsesionan, pues buscamos respuestas que generalmente no podemos encontrar porque vemos las cosas desde una única perspectiva, lo cual nos puede hacer perder la sonrisa, la enfermedad de un hijo, el abuso de cualquier índole, perder un empleo, son razones que pueden hacernos perder la sonrisa y nos quitan la confianza en las personas que nos rodean. Para recuperar dicha sonrisa, en ocasiones, es recomendable fingirla hasta creerla, al menos yo así lo he hecho a través del camino que me ha tocado recorrer.

Un buen día nos encontramos riéndonos a carcajadas y nos sorprendemos cuando miramos el camino que hemos recorrido para llegar hasta el punto en que volvemos a reír y ya no fingimos, ahora reímos con verdadera felicidad.

Así me pasó a mí, recuerdo haber sido humillada por ser pobre, sin embargo, mi alegría brotaba cuando mi papá me llevaba con él al campo a sembrar, recuerdo que era divertido, me gustaba montarme en los caballos y en los burros que usábamos para llevar las cosas de la siembra; también me encantaba jugar con mi hermana mayor.

Recuerdo que ella era más miedosa que yo y disfrutaba haciéndole bromas, yo le decía *"mira hermana, detrás de aquellos árboles está un hombre que viene por ti y te voy a dejar sola, ¡uy, te va a llevar, viene por ti!"*, entonces me reía porque ella se asustaba mucho y empezaba a gritarle a mi papá hasta que él se acercaba para regañarme, aunque no funcionaba demasiado porque yo sólo reía mientras le decía que era una chismosa.

Por mi mente pasan otras pequeñas travesuras y me da mucha risa rememorarlas, pero la que recuerdo con más detalle fue un día que terminamos el día de trabajo y mi papá nos mandó a darle agua a los animales.

Mi hermana me dijo que se quería subir al caballo y yo quería ir con ella, pero no quiso -quería montarse sola, aunque apenas sabía andar a caballo, a pesar de ser la más grande-, entonces papá me dijo que la dejara subir sola al caballo en tanto yo la guiaba para que no se cayera, y así fue, ella se montó y comencé a guiar al caballo hasta que llegamos al río, sin embargo, yo estaba molesta y no la dejé bajarse, en eso el equino se agachó para tomar agua, haciéndola caer al río y provocando mis carcajadas, corrí a ayudarle a salir del agua, pero estaba muy enojada.

Hoy nos acordamos y nos reímos juntas porque dice que yo era muy traviesa. Recuerdo muchas anécdotas que viví con mis hermanos cuando éramos niños. La niñez en un rancho es muy diferente, pues diariamente puedes tener una aventura, así, en otra ocasión, mi papá nos mandó a limpiar la hierba que salía en la milpa, ya que es muy dañina para el cultivo, nos dijo que era poquita y que podíamos hacerlo sin problemas.

Mis tres hermanos mayores y yo nos fuimos al campo dispuestos a realizar la tarea que se nos había encomendado, pero nos pusimos a jugar y se nos olvidó limpiar, queríamos regresar a casa porque teníamos hambre, entonces a mi hermano mayor se le ocurrió que agarráramos un poco de hierba y la moliéramos con las manos para que las tuviéramos verdes y mi papá pensara que sí habíamos acabado con la limpieza.

Eso hicimos y nos fuimos a casa, cuando llegamos papá nos preguntó si habíamos terminado, a lo que respondimos que sí. Jamás se nos ocurrió que iría al otro día a revisar y lo irremediable pasó, se nos armó en grande y creo que a mi hermano hasta le pegaron, no estoy muy segura, pero es algo que nos da risa porque son anécdotas que podemos revivir en familia.

Ahora voy a contar otra anécdota, sólo que esta me da vergüenza, aunque admito que me sirvió para crecer y entender que lo ajeno se respeta, eso fue lo que me enseñó mi madre y debí seguir su ejemplo, pues un día una amiga me invitó a la tienda y después de pedirle permiso a mi mamá, emprendimos el camino.

Cuando llegamos mi amiguita se percató de que había unas galletas en un costal y me dijo que mientras ella entretenía a la señora Elena -la dueña de la tienda- yo tomara cuatro galletas. Recuerdo que tenía miedo de que me cacharan, pero ella me convenció de que lo hiciera, así que, como pude, escondí las galletas en mi ropa y salimos triunfantes de la tienda a comer nuestro botín.

Después de varios días mi "amiga" le contó a mamá lo sucedido. En ese momento mi mamá me preguntó si me había robado las galletas, con mis ojos llenos de lágrimas le confesé la verdad, pero le dije que mí "amiga" me había instado a hacerlo. Ella comenzó a reírse y a negarlo todo.

Mi madre no me creyó, me regañó y me dijo que, sin importar nuestra condición, jamás debía robar ni agarrar nada que no fuera mío, que tenía que pedir y ganarme las cosas, me dio unos buenos cinturonazos, tomó unas monedas que tenía ahorradas, me las dio y me llevó a golpes hasta la tienda a pagar lo que había hurtado.

Yo era solo una niña de seis años, pero esa "travesura" me costó mucho, nunca olvidaré la cara de mi supuesta "amiga" que se reía a carcajadas mientras mi mamá me maltrataba. Por cierto, cuando llegamos a la tienda, la señora Elena vio cómo mamá me jaloneaba y no quiso cobrarme, al contrario, me dio más galletas.

No obstante, nunca volví a jugar con esa niña, me iba lejos cuando la veía cerca y tampoco le reclamé, simplemente me alejé de ella, a mi corta edad comprendí que tomar distancia de las personas que te hacen daño es lo mejor.

Dejé de confiar en los demás, me volví retraída y empecé a tenerle miedo a mi mamá, así que me portaba bien, no volví a tomar algo que no fuera mío. Ahora veo que me dio esa lección porque para ella era lo correcto, no la juzgo, hizo lo que cada padre haría en esos casos: educar a sus hijos.

Todos cometemos errores que entendemos hasta que alcanzamos cierta madurez, hoy entiendo a mi mamá, la amo y respeto los valores que me dio. También me he dado cuenta que las mentiras destruyen y los secretos lastiman, lo más loable que podemos hacer es actuar conforme a la verdad.

Así pasaron varios años, hasta que llegados los 13 entré a la adolescencia y me enamoré. Ahora que lo pienso, creo que sólo quería escapar de mi hogar pues, aunque tenía el amor de mi madre y de mis hermanos, el abuso de aquella persona persistía y yo estaba convencida, o me habían hecho creer, de que no podía hacer nada al respecto.

Entonces llegó a mi vida ese muchacho especial, él había sido novio de la que, en ese entonces, era mi mejor amiga y me llevaba siete años. Sin pensarlo demasiado comenzamos una amistad que se convirtió en noviazgo, hasta la fecha no sé si él me amaba como yo a él, pero en marzo de 1982, cuando cumplí 14 años, fue a visitarme como lo hacía cada día y me propuso irme con él, como mi deseo era escapar le dije que sí y nos fuimos al rancho de su abuelita.

Con miedo arribamos a ese rancho donde fui bien recibida por sus abuelitos, pero lejos estaba de imaginar lo que me esperaba, debido a que el resto de los familiares me veían como lo que era: una niña. Él ya tenía 20 años y para sus padres yo no era la mujer que necesitaba, sin contar que el color moreno de mi piel no les agradaba, bajo esas condiciones inicié esa nueva etapa y dejé atrás esos momentos lindos de mí infancia.

Sexta parte

UNA LUZ EN EL CAMINO

Había empezado una nueva vida sin siquiera comprender, o al menos imaginar, lo importante que era. No tenía ni idea de lo que estaba haciendo, de las verdaderas implicaciones de mis decisiones: ser una esposa, formar una familia.

Mi novio ya había tenido otros noviazgos con chicas de su edad y sabía algo de las relaciones amorosas, lo cual me hacía sentir un poco insegura, pero él me decía que quería estar conmigo, que no me preocupara, eso sí, me dejó muy en claro que no se quería casar.

Comenzó a *darme lo mismo*, en realidad nunca me había encontrado fantaseando con un vestido blanco, una iglesia adornada y un salón elegante para mi boda, así que no me importaba si me casaba, lo único que quería era escapar del abuso y ser feliz con él porque lo quería mucho.

Aquella fue la primera vez que pasamos la noche juntos, es un recuerdo que jamás olvidaré porque fue muy diferente a lo que había experimentado con mi abusador, así que, por un momento, tuve miedo, afortunadamente, mi novio fue lindo y se preocupó por mí. Al día siguiente se levantó y se fue a trabajar, así que me quedé con su abuelita, una señora maravillosa a la que siempre le guardaré mucho cariño porque me apoyó y me aconsejó cada que pudo.

Así estuvimos varios días hasta que una madrugada, mientras dormíamos juntos en un cuarto que su abuelita nos había acomodado, llegó el papá y el hermano mayor de mi novio y nos levantaron de manera abrupta: *"¡levántate o te levanto!"*, me gritó mi suegro.

Yo estaba espantada, busqué a mi novio con la mirada y él me repitió lo mismo: *"¡Levántate, vámonos!"*, pensé que saldría a mí defensa, pero no, en su lugar me pidió cambiarme y apurar el paso para emprender camino al pueblo más cercano, el cual quedaba a unos 45 minutos de distancia.

Así íbamos, en la oscuridad de las calles, soportando las vociferaciones de mi suegro hasta que no pude evitar responderle. *"Ninguna pinche cría me contesta así"*, me contestó y levantó una vara que tenía en las manos para pegarme, en eso, mi cuñado se metió en medio y le dijo que no me pegara.

Hoy me doy cuenta de que mi novio no movió ni un dedo para protegerme, sólo le dijo a su hermano: *"Tú llévatela, ahí está"*, se dio la vuelta y comenzó a avanzar, pero mi cuñado lo detuvo y le dijo: *"¿A dónde vas? No te vayas, quédate aquí con ella"*, yo no entendía qué estaba pasando o por qué mi suegro me odiaba tanto, quería llorar y deseaba que amaneciera para desaparecer con los rayos del sol.

Al fin llegamos a casa de sus papás, casi amanecía y mi suegra estaba despierta, me acuerdo que pensé que era una linda señora cuando la vi. Entramos, me saludó, sirvió café y nos explicó que lo correcto era que viviéramos bajo su techo y que debíamos dormir separados, así que yo compartiría habitación con sus hijas mientras que mi novio tendría su propio cuarto.

Claro que una adolescente no tiene la suficiente madurez para lidiar con esas situaciones, por mí mente pasaban muchas cosas, pero convencida de que así tenía que ser, que era lo normal, decidí no decir nada. Ahí fue cuando empezó el reto de enfrentar mi realidad, pues tal como mi intuición lo había previsto, criticaron y juzgaron todo sobre mí.

Mi capacidad no me alcanzaba para comprender lo que se escondía detrás de esa situación. Al paso de los días mis suegros nos obligaron a casarnos, pero las burlas no pararon, sólo se incrementaron y como mi esposo no quería casarse, cierto era que no hacía mucho por defenderme.

De un momento a otro, me vi sumida en una sinfonía de defectos, para ellos yo era una niña que no sabía hacer nada, ni siquiera podía cocinar para mí pareja, lo cual les molestaba mucho, pues tenían la creencia de que hacer de comer era muy importante en un matrimonio. No se me olvida un día que marcó mi vida, ya que me tocaba la comida y me dejaron unas papas para hacerlas con huevo, sin embargo, yo no sabía cómo cocinar eso, así que las cocí, les puse huevo y molí todo junto, el resultado fue una especie de atole.

Hoy me da risa recordar mis pocos conocimientos, pero en ese momento no fue así, pues cuando le dije a mi suegra que la comida estaba lista, la miró y con un gesto burlón me dijo que ni siquiera el perro se iba a comer mis papas, realmente me sentí humillada y esperé a que mi esposo le dijera algo, pero no lo hizo, al final no sé cómo, pero se fue y regresó con comida para los dos.

Pasó el tiempo y después de vivir unos meses en la casa de mis suegros, por fin nos fuimos a rentar una casa para los dos, sin embargo, yo aún no sabía cocinar, así que mi esposo contrató a una persona para que guisara y a otra para que me ayudara a lavar, por lo que me quedaba tiempo suficiente para hacer mis actividades favoritas y juguetear, acrecentando el coraje de mis suegros.

Recuerdo que una vez me puse a jugar a las canicas con uno de mis cuñados, con quien hasta la fecha me llevo muy bien -en ese entonces él iba a la casa en las tardes y platicábamos, también me llevaba mezquites, que son frutos en vaina muy sabrosos, de los más dulce que hay-, éramos buenos amigos hasta que un día nos peleamos a golpes causando mucho más el desdén de la familia de mi esposo porque yo no dejaba de ser niña, me comportaba como tal: mientras mi esposo se bañaba yo jugaba a las escondidas y a los encantados con otros niños del barrio. Era feliz porque él jamás me prohibía nada.

Hay en veces que somos muy crueles y en vez de ayudar a los jóvenes que están aprendiendo a vivir en pareja, los juzgamos y criticamos, nos burlamos porque creemos que ellos jamás podrán hacer las cosas bien. Definitivamente, el ser humano es una criatura cruel que no mide palabras ni actos y eso pasaba mucho con mis suegros. Aquella fue una etapa totalmente diferente y los momentos de felicidad se fueron atenuando, ya que mi esposo prefería salir con sus amigos a bailar y armar la fiesta en lugar de quedarse conmigo.

Como era de esperarse, comencé a sentirme sola, sentía miedo por las noches porque no teníamos luz y se oían ruidos en las habitaciones, el terror me invadía y no sabía qué hacer.

Una vez llegó de un baile en la madrugada y yo estaba en un rincón, asustada y con la cara rasguñada porque tuve un ataque de pánico y me infligí daño. Claro que en este tiempo no lo entendía, sólo sé que me rasguñé por la ansiedad que sentía.

Así que a partir de esa terrible noche tuve una posición más fuerte y aguerrida, pues más allá de mi falta de pericia, ya estaba cansada de quedarme sola, de que él se fuera y que no regresará hasta pasada la madrugada.

Un día le dije que me iba a ir con él a donde fuera, me respondió que no, que ahí no entraban mujeres porque era un billar, a lo que le hice saber que si no me dejaban entrar me quedaría afuera a esperarlo, pero que ni pensara que me quedaría sola en ese lúgubre y oscuro lugar al que ya no podía llamar hogar.

Así, más a fuerzas que de ganas, me fui con mi esposo, quien estaba muy molesto, diciéndome que me regresara a casa. Muy a su pesar, no logró hacer que me regresará, aunque no le importó mucho porque entró al lugar.

Me senté en una banca que estaba sobre la banqueta y lo esperé. Creo que pensó que me daría por vencida y me iría sola hasta que se asomó para comprobar que ya no estuviera ahí, cuando vio que era mucha mi decisión, salió del billar, me agarró de la mano y nos fuimos a casa. No sé cómo describir las sensaciones que experimenté cuando llegamos, mi marido estaba súper enojado, lloraba, gritaba, le pegaba a la pared y rompía todo lo que se encontraba, fue una escena patética que más que darme miedo, me provocó un poco de ternura y me brindó una luz en el camino.

Finalmente, se quedó dormido y cuando despertó hablé con él para que entendiera lo que yo sentía al quedarme encerrada en esa casa todo el día. Recuerdo que agarró mis manos, me miro a los ojos y me dijo: *"Ya entendí, voy a ir al billar un ratito y regreso por ti para ir a misa y llevarte al cine".*

Y esa actitud que hice mía, de luchar por la igualdad en nuestra relación prosiguió, pues siempre he pensado que hay igualdad entre un hombre y una mujer cuando media esa actitud de querer estar con el otro, de valorar el tiempo que se tiene, de darse cuenta que a veces sólo gritamos y explotamos porque queremos atención y no siempre estamos dispuestos a ver las cosas que hacemos y que terminan siendo hirientes para los que amamos. Para mí fortuna, desde ese día mi esposo tuvo un cambio total, se iba a jugar billar y se regresaba temprano a casa para ir al cine, a misa, a cenar, todo cambió y yo lo amaba, era mi todo, solo quería estar con él.

Embarazo

Después de unos años quedé embarazada de mi primera hija, quien fue una gran bendición, pues con ella llegaron cosas maravillosas y alegrías inmensas. Mi esposo y yo convivíamos cada vez más, él estaba feliz, contento porque iba a ser papá. Por mi parte, no sé cómo explicar las emociones que experimentaba por llevar en mi vientre un bebé.

Me resultaba algo increíble e irreal sentir sus piececitos moverse por mí vientre, el corazón me latía fuerte por esa alegría tan profunda y tan mía. Me preguntaba cómo sería, a quién de los dos se parecería más. Así esperamos con ansias la llegada de nuestra hija, hasta que el día menos esperado por fin llegó, fue maravilloso ser madre, me cambió por completo y eso que fui una madre joven, tenía sólo quince años, pero eso no importó ni fue obstáculo para iniciar esa nueva era de mi vida.

Ahora debía ver cómo cuidar de mi hija, cómo darle lo que necesitaba y cómo darle un hogar unido.

Pasó el tiempo y mi matrimonio siguió con sus altas y bajas, tuvimos otro hermoso hijo y con ese embarazo pude darme cuenta de lo mucho que yo crecía como persona y ser humano, aunque mi edad no fuera la idónea para tener ese tipo de responsabilidades, yo realmente amaba a mis hijos y supe comportarme a la altura de aquella circunstancia tan revolucionaria que es ser mamá.

En total tuve seis hijos, uno por año, eso sí, a cada uno lo traté con gran ternura, amor incondicional y un corazón que palpitaba sólo por oír sus voces.

Mis hijos tuvieron una infancia grandiosa, contaron siempre con el afecto de su papá, de sus abuelos y de sus tíos, fueron niños muy queridos, razón por la que estoy agradecida con la familia de mi esposo, a pesar de los contratiempos que tuvimos al principio porque no querían aceptar mi color de piel y mis raíces humildes, pero siempre separaron esas discrepancias que mantenían conmigo y respetaban a mis hijos.

Debo aceptar que, en realidad, nunca me importó su aceptación, desde que era pequeña supe ver que muchas de sus creencias no nacían desde el auténtico desdén, más bien no podían comprender del todo aquello que les resultaba diferente, me resultaba fácil ignorar sus palabras, o más bien tomarlas como consejos, pues nunca creí que me la dijeran para dañarme.

Así pasaron unos años y mi esposo decidió que nos mudaríamos a otro pueblo por cuestiones laborales. Yo estaba acostumbrada a estar cerca de mi mamá y de mis hermanas, ya que me ayudaban bastante, así que fue un cambio muy fuerte para mí.

Todo cambió

En ese lugar pasé momentos difíciles, mi esposo comenzó a irse de nuevo de parranda, le gustaba salir con los amigos y no regresar a casa. Pese a que nuestra relación se desmejoraba, yo encontraba fortaleza día con día gracias a mis hijos.

Hoy comprendo que, a veces, tenemos que pasar por esos momentos para convertirnos en una versión fuerte de nosotros, capaces de superar adversidades que no creíamos que nos iban a pasar. Recuerdo que había días que, de plano, él no regresaba y ahí empezaron los problemas. Una vez, después de dos días de ausencia, por fin regresó a la casa y descaradamente me dijo: *"Vengo de estar con las viejas"*, hasta la fecha esa palabra, de común uso entre los "hombres", me llena de rabia, sólo que esa vez se mezcló con una infinita tristeza, pues yo estaba embarazada de mi tercer hijo.

Mi reacción fue la de golpearlo y llorar, no podía creer que rompiera nuestra relación de esa manera y el distanciamiento no se hizo esperar. Al estar lejos de los míos, me hallaba en una soledad terrible, sin saber a quién contarle lo que estaba pasando, no quería preocupar a mi mamá, así que guarde silencio hasta que, por orden del destino, regresamos a mi pueblo.

Debido a que la economía del hogar no mejoraba, mi esposo decidió irse a Estados Unidos, sin embargo, rara vez mandaba dinero, así que, en lugar de cruzarme de brazos, me metí a trabajar con el fin de mantener a mis hijos, no podía darme el lujo de esperar a que su papá se pusiera las pilas y se diera cuenta de lo importante que era el dinero para mantener en las mejores condiciones a mis hijos, no tenía la condición de fiera leona que se nos despierta a las mujeres.

Para mi infortunio, las críticas y habladurías regresaron con más fuerza, la gente decía que yo tenía un amante, lo cual realmente me dolía mucho porque yo respetaba mucho a mi esposo y a mi familia, aunque él no lo hiciera del mismo modo. Pero, sin duda, lo que más me ayudó en esos horribles momentos, fue entender que las personas juzgan sin saber lo que pasa en la vida de los demás, por lo que en ocasiones debemos manejarnos con la empatía que ellas tanto subestiman.

Mi solución fue alcanzar a mi esposo en ese país, pero no contaba con las restricciones respecto a los niños, pues al llegar con cuatro niños no había quién nos quisiera rentar un apartamento, era más fácil conseguir un lugar si se tenían perros o gatos, pero los niños eran muy discriminados.

Mi esposo trabajaba de noche con un sueldo mínimo y cansado de no encontrar un lugar decente para vivir -pues estábamos en un cuarto de garaje donde cabía una sola cama- me dijo que tenía que meterme a trabajar y que los niños debían regresar a México con mi mamá, ¡eso me partió el alma! Le dije que me regresaba también, pero no me dejó, era necesario que los dos nos quedáramos a trabajar si queríamos traer de vuelta a los niños cuando tuviéramos algo que ofrecerles. Yo estaba en total negación y le pedí que al menos me dejara a mi niña de tres añitos.

Mis niños más grandecitos estaban felices porque regresarían con su abuelita, mi esposo seguía firme en su decisión, pero, por obra de Dios, su primo, que iba a llevarlos a la frontera intercedió por mí y lo convenció de dejarme a mi niña. Así, con el corazón destrozado, abracé a mis tres hijos, les di su bendición y se fueron.

Trabajé poco tiempo porque no aguanté la ausencia de mis hijos y, antes de que pasara un año, regresé a México. En ese momento estaba nuevamente embarazada y dos meses después del parto volví a Estados Unidos, pues tuve problemas con la familia de mi esposo.

Mi retorno fue otra etapa de vida en la que conocí a una persona diferente a mi esposo, es decir, él era otro. Lo que detonaría nuestra relación fue que lo vi besándose con una mujer cercana a la familia, me dolió hasta los huesos, más no dije nada, me quedé callada hasta que estallé en llantos de rabia y le prometí que algún día le haría lo mismo.

El amor que yo sentía por él era lo más hermoso y lo más grande que tenía, pero todo se convertiría en un odio que envenenaba de a poco mi ser.

Pocos saben el sufrimiento de un migrante, yo no me lo imaginaba hasta que lo viví, pues cuando estaba en mi pueblo pensaba que en Estados Unidos todo era bonito y fácil, creía que al llegar ahí las oportunidades se abrirían de par en par y las riquezas lloverían sin cesar, cambiando la vida precarizada de aquel pueblito en México que me vio crecer, cambiando el destino que les esperaba a mis hijos en ese mismo lugar.

Pero no es verdad, con el tiempo pude ver cómo los sacrificios no se hacen esperar cuando se está lejos del hogar, yo tuve que dejar a mis hijos en México porque su padre y yo no éramos capaces de darles un buen hogar, con alimentos calientitos y una familia funcional. Y es que así era para cada latino que yo conocía en tierras desconocidas. Cada uno tiene su historia y su paso por cosas diferentes, nada es fácil fuera de tu país, de tu ciudad, de tu gente. Hay que luchar para salir adelante, para levantarte y no dejarte caer.

Séptima parte

NUNCA DIGAS QUE NO PUEDES

La felicidad está en ti ¡Búscala!

Llegué a Estados Unidos en el año de 1991, durante un mes que es muy especial para mí: Mayo, nombrado así en nombre de Maya, diosa griega de la primavera y del crecimiento, no sé si inconscientemente decidí marcharme en esa fecha, yo misma necesitaba crecer y convertirme en diosa, pero definitivamente no fue nada fácil llegar hasta donde estoy hoy, sacrificios fueron hechos y, un día, pese a sentir mucho miedo, decidí cruzar la frontera para llegar a este país que me era profundamente desconocido, desafiando el peligro, corriendo por los cerros, nadando en los arroyos.

Fue lo más extremo que pude hacer, algo muy difícil de imaginar y de recordar, pues tuve que soportar el hambre, la sed y las inclemencias del tiempo en ese desierto en el que sólo crecen estepas, arbustos y cactus llenos de espinas dolorosas, metáforas perfectas del sufrimiento que causa dejarlo todo atrás. Ése fue el precio que pagué para tener un mejor estilo de vida y ofrecerle algo a mi familia.

Recuerdo que cuando estaba en mi país, pensaba que vivir en Estados Unidos era toda una utopía, me llené de ilusiones con las cosas que escuchaba de ese sueño americano, muchas personas contaban que era muy fácil ganar dinero, ser exitoso y llenarse los bolsillos de billetes verdes que comprarían cualquier cosa, ¡fueron tantas las historias! Ahora las veo más pegadas a una fantasía en la que ese puño de ideas de prosperidad, supuestamente, le darían a quien lo buscase, libertad y oportunidades, pero que resulta ser completamente diferente, una verdad apabullante.

Cuando llegué, me di cuenta de que, en realidad, era todo lo contrario, sin esperarlo me veía enfrentándome a la discriminación, a la incertidumbre de no encontrar un lugar para vivir, al rechazo de mi propia gente, de mi propia raza.

La felicidad está en ti ¡Búscala!

No obstante, y gracias a Dios, tuve la bendición de contar con la ayuda de una prima que nos acogió en los momentos más difíciles, pues, tal como lo mencioné, mi esposo ya estaba en este país, pero no había podido encontrar un trabajo que le permitiera mantener a todos en casa, menos aún, si nos encontrábamos separados por extensos kilómetros, por lo que también decidí migrar para comenzar a trabajar y ayudarle.

Siempre estaré muy agradecida con ella por darnos ese impulso causado por su empatía y misericordia, el cual nos ayudó a encontrar consuelo para luchar y mantenernos firmes en las situaciones desafiantes de una cotidianidad que desconocíamos por completo. Sin embargo, todos esos obstáculos no fueron razón para no seguir adelante: cada amanecer nos levantábamos con la emoción de que ése, sería un día mejor.

En ese momento teníamos cuatro pequeños hijos y era muy difícil rentar un apartamento en el que nos aceptaran a todos, los requerimientos en realidad no son complicados cuando sé es ciudadano americano, basta con verificar un buen historial crediticio y tu identidad, además de que está estipulado, por ley, que no está permitida la discriminación basada en la nacionalidad, raza, color de piel, religión, sexo, discapacidad o estado civil, no obstante, para nosotros, los extranjeros en búsqueda de mejores oportunidades, no es así.

El racismo es una realidad que influye en muchos aspectos de esta nación, desde la idea que tienen de los estándares de belleza en donde la "piel blanca" es la única que cuenta hasta las ideas absurdas de superioridad económica y cultural.

De esa manera, los "frijoleros" nos enfrentamos a la xenofobia y cada puerta que mi esposo y yo tocamos para alquilar un condominio decente, era cerrada en nuestras caras, volviéndose un reto que no nos detuvo para seguir con nuestro sueño de comprar una casita para nuestros hijos, evitándoles nuestros mismos sufrimientos. Bajo esas condiciones fue que obtuve mi primer empleo en una compañía de plásticos. Ahí aprendí mucho, tanto de mis propias capacidades como de la fuerza laboral de dicha industria, pues, al menos, en mi lugar de trabajo, muchos éramos indocumentados.

Aprendí, sobre todo, a tener coraje para creer que yo podía con todo, lo cual fue una lección muy valiosa que me dejó el mismísimo dueño de la compañía.

Recuerdo que un día me puso a hacer un trabajo, que si bien no era pesado, implicaba manejar maquinaría muy caliente para derretir plástico, yo debía hacer unos recipientes en forma de florero, para lo cual tenía que aplastar el plástico caliente, a fin de que se ablandara en mis manos y pudiese moldearlo, pero cada vez que lo hacía me quemaba.

No podía soportar el dolor, el plástico se sentía súper caliente, así que opté por meter mis manos en agua fría para poder hacerlo, sin alguna otra protección, no tenía guantes ni nada, cuando no pude más, se lo dije a mi jefe y él, con el poco español que sabía, me dijo: "Leticia, nunca digas que no puedes, ¡tú puedes!", lo miré a los ojos y le dije que tenía razón, que yo podía. Entonces me llené de valor, me puse a trabajar y, poco a poco, encontré la forma de hacerlo menos doloroso.

Aquella fue una enseñanza que nunca olvidaré, no fue fácil, pero sí se volvió una especie de mantra, una frase clave para nunca quedarme sentada esperando a que sucedan las cosas, para nunca decir "no puedo", así como la frase que alguna vez me dijo mi amiga "Lety, no permitas que nadie te quite tu sonrisa", ésta había tenido un impacto similar, me abrió los ojos y pude ver todas las posibilidades, así que me dije: "Si otros pueden, ¿por qué yo no?", incluso me di cuenta de que había tenido trabajos que algunos ni considerarían: limpiando casas, vendiendo productos de belleza y de nutrición, por lo que al tiempo cambié de compañía en donde el trabajo me gustaba.

Nuestra casa

Al fin pudimos establecernos y aquel momento fue uno de los más felices de mi vida, pues mis hijos por fin volverían después de todo ese tiempo que habíamos permanecido separados, ya que se habían quedado en México a cargo de mi mamá, lo cual siempre consideraré como una gran bendición de Dios, pues ella siempre se ha esforzado para ayudarme con mi familia, para siempre estar ahí, ha sido como una segunda madre para mis hijos, me ayudó a criarlos mientras nosotros trabajábamos lejos, muy lejos, dándonos una especie de cercanía con su cuidado y amor, pero por fin, teníamos lo que tanto habíamos añorado, esa solidez que nos permitiría traer a nuestros hijos de manera segura. Y no sólo eso, también pudimos aplicar a un crédito que se nos fue concedido y en favor de ello, un hermoso y bendecido día, Dios nos dio licencia de comprar nuestra propia casa.

Mis hijos ya se encontraban aquí el día que acudimos con esa trabajadora de bienes raíces que nos guio en el camino para comprar lo que sería nuestro hogar durante mucho tiempo, ¡fue un sueño hecho realidad!

Habíamos luchado tanto por tener a nuestros hijos en una casa donde nadie les dijera nada, donde pudieran jugar, correr, dormir, es decir, hacer todo lo que ellos quisieran, ser libres y estar seguros, fue tan bonito y es algo que me llena de gozo, decir: "¡ésta es mi casa, la he comprado con mi esfuerzo, con mi trabajo, con los sacrificios que he hecho para poder tener algo a cambio!", y resulta algo más allá de un sacrificio, implica perder tiempo de calidad con nuestros hijos, momentos de su desarrollo, de su vida, conocerlos a fondo. Hay cosas que yo no sé sobre mis hijos por estar trabajando, hay muchísimas cosas que me perdí, cosas que me provocan pesar.

La felicidad está en ti ¡Búscala!

Me dolía no estar ahí cuando alguno de mis hijos sintiera miedo, sin posibilidad de ayudarles si se caían o fracasaban, pero contaba con la bendición de mi madre que les sanaba sus heridas y los levantaba de sus desaciertos, lo cual, a su vez, también significó un sacrificio para mi madre.

No obstante, las dos sabíamos que la recompensa era darles una casa en la que comenzarían una mejor vida, un hogar realmente suyo, porque cuando rentas o vives en casas de otras personas siempre hay cosas que los niños no pueden hacer: "¡No grites, no corras, no entres ahí, no agarres eso!"

Es decir, hay límites tanto para los niños como para nosotros los padres, pues de alguna manera nuestra autoridad o comprensión se ven reducidas y es frustrante tener que reprender a tus hijos para que no agarren algo que puedan romper, aun cuando tú, como madre, no eres tan estricta en temas que son normales al crecer y conocer el mundo. Sin embargo, también es importante darles la vuelta a esos sentimientos, enseñándoles a respetar las cosas de los demás, pues es algo bonito cuando tus hijos comienzan a madurar y comprenden el valor del respeto y el cuidado.

El curso de los días se dio con normalidad, acostumbrados a vivir más tranquilos, mi esposo y yo comenzamos a aburrirnos, dejamos de lado nuestra relación y, poco a poco, nos distanciamos hasta que llegó la inminente separación.

Fue algo muy doloroso para mí, pues también estaba muy consciente, más que nunca, de todos esos malos tratos que había soportado, me daba mucha tristeza haber tenido que fingir que tenía un matrimonio "perfecto" cuando, en realidad, me estaba desbordando, al punto del colapso. ¡Tenía tantas ganas de gritar, quería que todos supieran lo cansada que estaba de esa falsa unión!, constantemente me encontraba en una especie de sueño, adormilada, absorta en mis pensamientos, callándolo todo para cuidar las apariencias. Mi divorcio no me derrumbó, aunque yo estaba convencida de que así sería, resultó que me hacía más fuerte cada día.

Sentía que no era correcto dejarme llevar por mis miedos, por la creciente soledad, por la creencia del fracaso, no obstante, las ganas de salir adelante eran muchas más.

Al principio, no lo voy a negar, estaba profundamente deprimida, hubo momentos en que me caí y sentía que no podía volver a levantarme, me encontraba débil, cansada, sin ganas de seguir, pero cuando decidí que siempre tendría mi fe puesta en Dios, todo cambió.

Un día, como un ángel mandado del cielo, llegó a visitarme una amiga y me invitó a unirme a un negocio, lo cual acepté sin siquiera saber o imaginar en qué consistía el trabajo, yo sólo quería sentirme bien.

Afortunadamente, dicho negocio pertenecía al rubro de la salud y el bienestar, así como también se llevaba a cabo la venta de distintos productos, pero lo más destacable, es que en esa empresa se valoraba mucho la preparación y la salud de las personas, así que tenían un sistema de motivación personal, el cual me ayudó a creer en mí, porque ahí la motivación no estaba enfocada sólo en el logro de los objetivos comerciales, sino que además, la brindaban para que aprendas a quererte, a creer en ti, en que puedes hacer lo que tú quieras.

Ensañaban que no hay límites, que los límites nos los imponemos nosotros mismos y a pesar de que mi matrimonio estaba tambaleándose, yo podía seguir adelante, sin parar, al final sabía que la motivación nos impulsa a conseguir esos sueños, deseos y anhelos, eso me ayudó bastante a enfrentar la situación en mi matrimonio, recuerdo aquellas conferencias de superación personal y hoy podría decir que es el motor de nuestra emocionalidad.

Sanando tu interior

Desde ese momento he cambiado mucho, cada día trato de aprender más, no me interesa ser mejor que todos, simplemente quiero ser yo misma, porque para mí no hay competencia, todos somos iguales, todos nacemos con la capacidad de aprender, por eso Dios nos dio libre albedrío, por esa cualidad humana de saber ver si estamos llevando nuestra vida por el camino correcto, tratando de enmendar los errores que hemos cometido, sanando las heridas del pasado mediante el perdón y dejar las afrentas atrás sin guardar rencor, sin generar odio, bendiciendo cada momento que pasamos, cada circunstancia, cada reto, porque todo pasa por algo, todo nos deja nuevas enseñanzas, nuevas experiencias. El aprendizaje es continuo.

Después de haber tomado esos seminarios de superación personal, opté por asistir a unos de sanación, así como también me he puesto a estudiar psicología emocional. Hasta el momento, y tal como mencioné al principio de este libro, he obtenido una certificación en "El arte de hablar en público", he seguido practicando a lo largo de estos meses en los que he escrito estas enseñanzas y aprendizajes, porque mi sueño es poder dar conferencias motivacionales.

Es innegable que se necesita de mucha valentía, tan sólo he comenzado a ensayar frente a una cámara y todavía me cuesta dejar el nervio. Hablar en público es un reto que tengo que vencer, porque "si otros pueden, ¿por qué yo no?",

En mi presente, me siento tranquila por todo lo que he logrado, sigo trabajando, aprendiendo paso a paso. Soy una mujer independiente que lucha por lo que quiere, que siempre está dispuesta a aprender y sabe lo que es padecer, perder, sacrificarse y, por lo tanto, es compartida.

Soy una mujer que entiende que hay miles de personas necesitadas de cariño, no importa de qué tipo, pero que sea uno sincero, pues siempre es bueno contar con una amiga, un amigo para hablar sobre lo que nos alegra y entristece; hay mucha gente necesitando un abrazo, una sonrisa; hay miles de personas cuya soledad les aleja de Dios, que sienten que no pueden porque así se los han hecho creer.

Yo he estado ahí, sumida en mis miedos y abatimientos, aislándome de todos porque me daba pena aceptar mi situación. Sin embargo, he tenido buenos mentores que me han guiado y ayudado a descubrir mi verdadera yo.

Al igual que esas personas me ampararon con sus lecciones, yo tengo el siguiente consejo para ti amable lector, que me has acompañado a lo largo de estas páginas: ¡No dejes que nadie apague tu luz!, sigue y persigue tus sueños, tú los puedes lograr, seguro habrá quien te critique, quien te juzgue, habrá quien hable mal de ti, pero eso no importa, mientras tú seas feliz.

No dejes que nadie borre tu sonrisa, sigue adelante, sigue con fe, no te detengas, todo se puede cuando Dios está contigo, tú serás fuerte, vencerás, conseguirás lo que quieres.

A mí me han criticado decenas de veces, no soy la mujer perfecta, la madre perfecta, la hija perfecta y, mucho menos, la esposa perfecta, soy como cualquier otra persona, he cometido errores. No busco la perfección en mí, porque nunca la tendré, trato de hacer lo mejor que puedo.

Aunque a veces no estemos de acuerdo con la familia o los demás, he aprendido a respetar las muy variadas opiniones, más ya no dejo que me afecten como lo hacían tiempo atrás, provocando que mi sonrisa desapareciera debido a esos comentarios, así como a las burlas que constantemente recibí en este país que, poco a poco, hice mío y de mí familia.

Hoy bendigo a cada una de esas personas, a mi familia, amigos y conocidos que se han tomado el tiempo de hablar bien o mal de mí.

¡Gracias por el tiempo que se han tomado para emitir sus juicios sobre las acciones que realicé porque todo, todo en absoluto, me ha hecho crecer sin odio, sin rencor hacia nadie, más bien lo he hecho desde el respeto, bendiciendo a todos por igual!

Y es que, por ello, es sumamente importante aprender a pensar, sólo eso nos llenará de empatía hacia los demás, esclareciendo los motivos de sus actos, pues recordemos que todos reaccionamos de diferente manera, lo que otros podrían tomar como molestia quizás a mí me haga reír, así que más que fijarse en la acción en sí, debemos prestar atención a lo importante, es decir, en cómo reaccionamos a lo que nos llevó a cometer dicha acción, ésa es la clave, cómo reaccionar, ya sea ante las críticas, los malos comentarios, a las situaciones adversas, hay que bendecir en lugar de maldecir, pues de alguna manera esas personas están aportándole algo a nuestras vidas.

¡Gracias a todos, porque de una manera u otra me han hecho crecer y creer más en mí, no se pierda la esperanza ni se borren las sonrisas, porque la felicidad está en ti ¡Búscala!

ACERCA DE LA AUTORA

Amo ser yo, amo mi vida y merezco que cosas maravillosas lleguen a mí. Hola mi nombre es *Leticia Hernández* hablar de mí es fácil, lo difícil es caminar lo que he recorrido. Soy madre de siete hijos, abuelita y me siento muy orgullosa de tener una gran familia. Soy una mujer como cualquier otra, con ilusiones y ganas de hacer cambios en la vida.

He caminado por muchas etapas, algunas felices algunas dolorosas; algunas tristes y en otras ocasiones decepcionada. Soy una mujer de fe, hija, hermana y amiga. Soy respetuosa, me gusta tratar bien a las personas porque así me gusta que me traten.

Siempre doy sin esperar nada a cambio, no me gusta la gente falsa, me gusta ser honesta con las personas, no soy rencorosa y eso tengo que agradecérselo mucho a mi Dios. Actualmente, trabajo en una empresa donde me dedico a ser diferentes actividades. Me gusta siempre buscar cómo superarme. Me gusta leer, disfrutar con mi familia. Tuve la oportunidad se certificarme en "El arte de hablar en público", con el Doctor César Lozano.

He estado en diferentes talleres de motivación personal; no tengo ningún estudio académico pues no tuve la oportunidad de ir a la escuela, pero aun así nunca he dejado de soñar; soy una mujer de fe y creo en Dios, gracias a las enseñanzas de mi madre.

Queridos lectores les invito a que lean mi historia y que miren cómo pueden vivir sin rencor y sin odio. Perdonar es de sabios y a través de mi historia espero puedan ver que nunca es tarde para comenzar, que puedan lograr todo lo que se propongan, sin importar la edad, ni los estudios académicos que poseas, pues lo más importante es que tengas el deseo, la motivación y la fe para hacer tus sueños realidad.

Como ven no hay mucho que contar de mí pero ya se darán cuenta quién soy a través de mi historia soy una mujer de fe soy una mujer que sigo trabajando por ser cada día mejor y esa soy yo, la oruga transformándose en mariposa, hoy, he descubierto que mi niña interior siempre está a flor de piel, me gusta ser niña para divertirme con mis nietos, es algo que me hace feliz.

NOTAS

La felicidad está en ti ¡Búscala!

La felicidad está en ti ¡Búscala!

La felicidad está en ti ¡Búscala!

La felicidad está en ti ¡Búscala!

La felicidad está en ti ¡Búscala!